AF321234

GUIDE

DU CONSOMMATEUR

DE **CHOCOLAT** ET DE **THÉ**,

SUIVI

De Conseils pour préparer du CAFÉ parfait,

PAR **PICOT**, FABRICANT.

PARIS,

CHEZ L'AUTEUR, 15, RUE TRONCHET.

1845.

GUIDE

DU CONSOMMATEUR DE CHOCOLAT ET DE THÉ,

SUIVI

De Conseils pour préparer le Café parfait,

PAR PICOT, FABRICANT.

En venant offrir le résultat d'expériences consciencieuses et réitérées, nous nous présentons avec le sentiment que nous donne la droiture de nos intentions, l'utilité du but que nous nous sommes proposés, et la conviction de l'avoir atteint : aussi, serons-nous sobres de cette érudition d'emprunt dont le charlatanisme de tous les étages décore ses nombreuses productions. La vérité n'a nullement besoin des ressources du style pour être comprise, et nous serons aussi précis qu'intelligibles dans l'exposition de nos procédés, pour améliorer la fabrication d'une substance alimentaire devenue de première nécessité. On nous croira, parce que nos efforts ont eu pour but d'obtenir des produits plus parfaits et beaucoup moins coûteux ; car nous savons qu'en économie domestique, il n'y a pas de véritable perfectionnement, pas de progrès, sans la diminution des prix.

CHOCOLAT.

DE SES PROPRIÉTÉS ET DE SON USAGE EN FRANCE.

Nous ne parlerons pas ici des propriétés négatives ou même dangereuses des mauvais chocolats ; les bonnes qualités sont seules bienfaisantes. Aussi, nous nous bornerons à certifier que, si quelques médecins ont reconnu à certains chocolats d'être lourds à digérer ou échauffans, c'est parce qu'ils avaient été fabriqués avec des espèces de cacaos trop butyreuses, ou parce que l'on avait gâté les propriétés bienfaisantes de cet aliment par des mélanges de farineux, de drogues ou d'aromates, plus propres à flatter le goût des palais blasés, qu'à satisfaire les besoins de l'estomac, ou enfin parce qu'on avait pas apporté dans la fabrication les connaissances et les soins sans lesquels on court le risque d'enlever au cacao toutes les propriétés salutaires qui en font un aliment exquis et substantiel.

Après les pernicieuses expériences du girofle, du piment, etc., on s'est rejeté sur la canelle et la vanille, dont on aromatisait fortement les bons comme les mauvais chocolats; on ne fabriquait plus que du chocolat à la demi-vanille, à une vanille, à deux ou trois vanilles. « Mais, nous disent les encyclopédistes, une longue expérience ayant appris qu'elle échauffait considérablement, l'usage en est devenu moins fréquent, et toutes les personnes qui préfèrent le soin de leur santé au plaisir de leurs sens, s'en abstiennent maintenant. » Il ne faut pas oublier qu'outre l'inconvénient grave d'irriter, l'addition d'aromates aussi puissans que la vanille et la canelle avait encore un autre résultat désastreux pour le bon chocolat, celui de lui enlever l'arôme exquis, le parfum délicieux des bons cacaos qui ne sauraient être remplacés.

D'autres fabricans gâtent toutes les bonnes et agréables qualités du cacao, en le faisant rôtir, sans se douter que, par cette inepte opération, non-seulement on lui enlève son arôme et son parfum, mais encore qu'au lieu d'un aliment pectoral et substantiel, il ne produit plus qu'une matière amère ou âcre, fortement astringente et dépourvue de toutes ses qualités salutaires.

Enfin, des spéculateurs sans conscience osent donner le nom de chocolat à une préparation dans laquelle ils substituent de germes et autres résidus torréfiés, de la fécule à la pâte de cacao, et des matières grasses animales ou végétales, à la partie butyreuse de cette fève. C'est, comme on le voit, ne conserver que le nom d'aliment qui fait les délices d'une grande partie du globe.

Le chocolat est très-nourrissant ; il fortifie l'estomac, ranime les esprits, contribue à réparer d'une manière très-prompte les forces abattues; c'est pourquoi il est d'une grande utilité aux femmes qui sont en bon train de convalescence, ou qui se livrent à des travaux ou à des exercices violens.

On croit encore que le chocolat est très-bon pour la poitrine : on en recommande l'usage aux phthisiques. Ayant soin de le couper avec du lait, il adoucit l'acrimonie des humeurs, et forme un excellent déjeûner pour les personnes attaquées de consomption.

DE NOTRE PROPRE FABRICATION.

La première et la plus importante de nos opérations, après le choix scrupuleux du cacao, est celle si improprement appelée de brûler le cacao. Cette opération exige l'expérience la plus consommée et les soins les plus suivis.

C'est donc à l'air chaud que nous avons demandé ce que l'on avait pu obtenir ni du feu, ni de la vapeur, et le succès a été complet. Par cette manière de préparer le cacao en pâte, nous avons obtenu les produits les plus parfaits qu'on ait encore offerts aux consommateurs. Le chocolat que nous fabriquons par notre procédé ne perd rien de son parfum, de sa finesse et de ses bonnes qualités ; il n'a jamais ni âcreté, ni verdeur; on en savoure l'arôme vrai, naturel; en un mot, c'est la fève du cacaoyer dégagée de tout ce qui lui est étranger, et dont les principes purs, et sans altération aucune, sont prêts à s'unir à telles substances qu'exigent la fabrication du chocolat.

On vient de voir quelle importance nous attachons à la qualité du cacao, au choix auquel il doit être soumis, et surtout à la première préparation qu'il doit subir; cette opération étant à nos yeux la base essentielle de toute fabrication. Nous laissons à la sagesse et à la délicatesse du goût des consommateurs le soin de juger la bonne foi de notre annonce et le résultat de notre fabrication.

DE LA PRÉPARATION DU CHOCOLAT.

En France, nous prenons généralement le chocolat au lait; nous devons dire que la manière la plus simple et la plus saine, c'est de le préparer à l'eau pure.

Cette préparation n'exige aucun de ces longs soins que l'on employait autrefois. Il suffit pour cela de mettre dans une chocolatière en argent ou en cuivre étamé, le nombre de tablettes de chocolat, cassées par morceaux, que l'on désire préparer : on y ajoute une petite quantité d'eau pour le fondre; on l'agite, afin de le bien délayer; aussitôt qu'il est parvenu à ce point, on verse la quantité d'eau ou de lait nécessaire, on le laisse bouillir quelques minutes seulement. Si l'on désire le prendre mousseux, il faut, lorsque l'écume monte, agiter dans tous les sens, afin de le faire mousser; servi ainsi tout chaud dans les tasses, il est léger et moëlleux.

Cette proportion d'un douzième de livre qu'indique chaque tablette est la plus ordinairement employée; cependant on peut augmenter la quantité l'eau ou de lait, si l'on veut prendre un chocolat plus léger, et la diminuer si l'on veut le prendre plus fort; mais on ne doit pas perdre de vue que, pris de cette dernière manière, on le digérerait moins aisément.

DU CAFÉ.

Nous ne regarderions pas comme complètes les notions que nous venons de donner sur la préparation du chocolat, si nous ne les faisions suivre d'une courte dissertation sur l'art non moins important de préparer le café et de l'obtenir parfait. Les recherches auxquelles nous avons dû nous livrer pour la torréfaction du cacao, et pour rendre au chocolat ses qualités aussi bienfaisantes que délicieuses, nous ont conduit à adopter à peu près les mêmes principes à l'égard du café, et nous croyons aussi être parvenus à pouvoir offrir aux consommateurs un café torréfié susceptible de se garder long-temps dans toute sa pureté.

Le consommateur doit apporter un grand soin dans l'achat de son café; il n'en doit pas donner moins aux diverses préparations qu'il exige, et qui sont plus difficiles qu'on le pense généralement.

La torréfaction est de toutes ces opérations la plus importante, car si le café est non convenablement torréfié, au lieu d'offrir une boisson délicate, d'un arôme fin, d'un goût agréable, il ne donne plus qu'un breuvage épais, amer, rebutant , et dont toutes les qualités douces, bienfaisantes , ont été détruites par la dissipation des parties volatilles qu'il renfermait : son huile essentielle a contracté un goût de brûlé et d'amertume capable de causer de grands inconvéniens.

Voilà cependant à quoi sont exposés journellement les trois quarts des consommateurs qui s'approvisionnent chez les marchands épiciers , dont les soins pour la préparation de cet article si important ne s'étendent pas bien loin. Ne voyons-nous pas tous les jours cette opération se faire par des jeunes gens sans expérience , et souvent incapables d'être pénétrés de ce qu'ils font. Nous les voyons d'abord alimenter un feu très-irrégulier par de mauvais bois, de vieilles planches , et presque toujours par des débris de tonnes à huiles. Croit-on que l'odeur infecte que développe ce combustible n'influe pas sensiblement sur le parfum si délicat du café ? Leur est-il permis d'offrir par ces moyens deux fois le café torréfié au même degré ? Non ; nous remarquons souvent à leurs portes des cafés presque noirs, et dont l'huile essentielle qu'ils contenaient a été perdue , dévorée par ce brûlement désastreux : croit-on qu'il soit possible encore d'obtenir quelque chose de bon après une telle manière de procéder ?

Nous ne sommes cependant encore qu'à la première opération , et si nous examinons ensuite les moyens qu'ils emploient pour conserver leur café torréfié , nous ne manquerons pas de reconnaître bien d'autres causes de détérioration.

Nous verrons souvent leur café exposé à l'air pendant douze à quinze jours, ou enfermé dans des caisses de sapin , et enfin , lorsqu'il est nécessaire de le moudre , un grand nombre ont l'habitude d'y ajouter, au su de tout le monde, jusqu'à deux cent cinquante grammes de chicorée par kilo de café. Voilà cependant les ingrédiens que prennent journellement les trois quarts des consommateurs ; doit-on s'étonner, après ces faits dévoilés, qu'il y ait un si grand nombre de personnes incommodées par cette boisson, qui , prise dans sa pureté, et préparée avec les soins qu'elle exige , est sans contredit salutaire , bienfaisante autant qu'agréable ? Non , on doit même l'être de ce qu'il n'y a pas encore plus de migraines, d'insomnies, d'irritations.

Pénétrés de toutes ces difficultés , de toutes ces imperfections , nous nous sommes mis à la recherche des moyens d'offrir aux consommateurs du café exempt de tous ces défauts, et susceptible de se conserver long-temps sans altération, soit en grains, soit en poudre.

C'est cette lacune que nous venons de combler, non en instruisant le public des moyens d'y parvenir, ceci est notre secret, notre propriété, mais en lui offrant un café qui réunit tous les avantages qu'un véritable amateur a le droit d'y chercher.

Nous terminerons par quelques considérations sur la manière de préparer la boisson du café, et en cela notre opinion est tellement opposée à l'usage actuel, que nous n'espérons la faire prévaloir que quand le temps et l'expérience seront arrivés à notre aide.

On est généralement dans l'habitude de préparer le café ou par ébullition, ou en jetant de l'eau bouillante sur le café en poudre, que l'on place sur un filtre destiné pour le passer et à le dégager de toutes ses parties les plus épaisses. Ces deux méthodes, dans lesquelles l'eau bouillante joue le rôle principal, sont également vicieuses.

En effet, nos expériences nous ont convaincu que l'eau bouillante détruisait ou altérait sensiblement les parties volatiles si précieuses du café, en dissolvant celles qui sont âcres et nuisibles. On ne doit donc se servir que d'eau chauffée seulement au point de ne pouvoir y endurer le doigt ; c'est-à-dire de 40 à 50 degrés, tout au plus.

Mais ce qu'on croira difficilement, tant que la routine l'emportera sur l'expérience, c'est que la meilleure manière de préparer cette précieuse boisson est celle qui n'admet que l'emploi de l'eau froide. Cette méthode est si peu dans nos habitudes, que nous nous attendons à trouver beaucoup de consommateurs d'abord incrédules ; mais comme l'expérience n'est pas difficile à faire, nous espérons qu'on finira par se rendre à l'évidence. On reconnaîtra alors que le café préparé à l'eau froide est non-seulement plus aromatisé, plus fin, plus substantiel, mais encore plus fort que celui provenant de l'eau chaude ; on peut s'en convaincre par le cafiomètre inventé par M. Chevalier.

L'infusion à froid enlève au café et communique à l'eau toutes ses qualités aromatiques, et ne détache que peu ou point d'acide gallique ; par conséquent, le produit de cette infusion est bien moins amer que celui provenant de l'eau bouillante, dont l'action violente agit jusque sur les parties les plus intrinsèques.

Le café ainsi préparé est d'une belle couleur brun-clair capucin ; il exige bien moins de sucre et infiniment moins de soins, car il suffit de placer la poudre sur le filtre, d'y verser quelques gouttes d'eau, d'agiter, afin d'humecter la poudre, trop fine, quand elle est disposée pour laisser pénétrer entièrement ; ceci fait, on verse alors la quantité d'eau restante à employer. La filtration s'opère assez activement, et étant terminée, il convient, pour extraire toutes les parties utiles contenues dans la poudre, de faire passer une seconde fois, la seconde filtration étant moins active que la première, donne alors un produit si fin, si délicat, si parfumé, que ceux qui l'ont goûté l'adoptent sans retour.

Nous n'aurions pas atteint notre but, si nos diverses opérations avaient dû nous entraîner à une augmentation de prix. Heureusement il n'en est pas ainsi : nous livrons, à 2 fr. 20 cent. le 1/2 kilogramme du café qui se compose de : 1/3 Moka, 1/3 Martinique, 1/3 Bourbon, ce qui fait un excellent café torréfié, soit en grains ou en poudre, ce qui n'est que le prix ordinaire auquel on vend tous les jours des cafés mal préparés, mélangés et souvent de qualités inférieures. Nous avons foi dans les lumières des consommateurs, et nous attendons, sans anxiété, le jugement qu'ils porteront sur nos produits.

DU THÉ.

DE SON USAGE ET DE SA PRÉPARATION.

Pendant long-temps le thé ne fut regardé en France, que comme médicament et l'on avait recours à son usage, qu'au cas de maladie ou d'indisposition. Quels que soient les bienfaits qu'il procurait, alors rélégué au fond des pharmacies, promptement altéré par l'absence de tous soins, presque toujours sophistiqué par la cupidité, à cause de l'avantage que procurait le haut prix où on le maintenait, ses éminentes qualités furent presque toujours méconnues et rarement invoquées. Ajoutons qu'au premier pas que cette consommation voulut faire vers le régime alimentaire, elle rencontra un nouvel obstacle insurmontable. D'un débit presque nul, réservé pour la fortune et le caprice, cette feuille fut taxée d'un bénéfice énorme par des marchands fort peu soucieux de son succès ou des jouissances de leurs acheteurs. On la vit alors vendue à des prix incroyables, deux, trois et quatre fois la valeur primitive. Un tel obstacle devait si non annuler, du moins retarder considérablement son triomphe; en effet, d'autres habitudes s'étaient formées, et le café d'abord a paru nationaliser parmi nous, et tandis que nos voisins sacrifiaient au thé, nous semblions, nous, par opposition de nationalité, sacrifier au café. Mais des temps plus calmes et plus heureux étant survenus, la civilisation reprit enfin sa marche, et avec les nouveaux hôtes, de nouvelles habitudes se formèrent, ces nouvelles habitudes furent encore développées par un fléau de funeste mémoire, le choléra, dans son invasion aussi funeste que rapide, trouva un puissant antidote dans l'usage du thé ; la peur chez beaucoup, la maladie chez quelques-uns, les jouissances chez d'autres, firent alors rechercher cette boisson, et la cause passée, l'usage en resta par les bons effets qu'il avait produits; de là, peut-être, le progrès le plus sensible de l'usage du thé parmi nous. Sa consommation plus active, ses bienfaits plus répandus, mieux appréciés, excitèrent l'émulation ; les marchands, leur intérêt aidant, devinrent connaisseurs ; il furent attentifs aux soins tant minutieux qu'exigés pour la conservation du thé; et la concurrence, ce puissant levier de l'industrie, amena bientôt des prix plus vrais et plus en harmonie avec les besoins des consommateurs. Ce nouvel état de choses fut un bien, mais il n'est pas complet et il est temps d'éclairer le consommateur, de guider sûrement son goût, d'en faire enfin ce qu'il doit toujours être, le juge compétent, impartial, impeccable de tout en toute chose.

Pour nous qui ne voulons inculquer aucune science, mais seulement pour bien choisir, bien préparer, nous dirons : n'ajoutez aucune foi, aucune valeur, au grand prix *(si l'exception quelquefois les justifie, la règle les exclut)*; presque toujours ils sont un impôt prélevé sur l'ignorance ou la paresse de l'acheteur. Pour le thé, pas de fabrication, pas de manipulation, par conséquent, pas de secrets, pas de perfectionnemens, pour tous la même marchandise et pour tous le même prix.

DU MÉLANGE DES DIVERSES SORTES DE THÉ.

Pendant aussi long-temps que le thé n'a été considéré que comme antidote aux cas d'indigestion, on a dû préférer les thés verts aux thés noirs, mais l'expérience a bien vite démontré les vices de cette habitude. Si les thés verts en cas d'indisposition donnent par leur puissance un agent médical plus actif, cet agent devient nuisible dans le régime alimentaire, et il convient alors de le mitiger par l'addition d'une notable quantité de thé noir. L'expérience m'a oujours démontré les bons effets qu'on obtenait des compositions suivantes :

Un tiers thé Souchong,   Chulan,   125   grammes.
Un tiers — Pékao,   Souchong, 125   —
Un tiers — Hysson,   Pékao,   250   —

Sans doute on peut se montrer exigeant et ne vouloir se contenter que du thé Pékao, surtout à cause de l'extrême finesse de son arôme et de la légèreté précieuse de son infusion, mais il nous suffira d'avoir indiqué comme base, les proportions toujours satisfaisantes. Le consommateur y fera telle addition que la délicatesse de son goût exigera.

Sans vouloir ici imposer en aucune manière notre goût, nous ne pouvons nous dispenser de mentionner un mélange que nous préparons dans les proportions suivantes, qui nous semble réunir les plus parfaites qualités de convenance et d'économie. Ce mélange, qui ne revient qu'au prix de 2 fr. le demi-kilo ou 3 centimes la tasse, se compose de :

Souchong, 166 grammes.
Pouchong, 166   id.
Hysson, 168   id.

Nous pourrions indiquer ici une foule d'autres proportions qui n'auraient peut-être que le mérite de jeter l'incertitude dans le choix du consommateur. Nous croyons devoir laisser ce soin à son goût ; nous lui avons dit que les thés verts étaient les plus actifs, qu'en santé l'usage en était, si non dangereux, du moins peu avantageux ; nous lui dirons aussi que les thés noirs, au contraire, pris seuls, sont toujours agréables ; qu'en Hollande, en Angleterre, la médecine les ordonne en état de maladie ou de convalescence, soit comme boisson (tisane), soit comme aliment léger, cependant nutritif, la préparation étant bien entendu modifiée suivant les cas.

Loin donc de voir un obstacle à l'usage plus répandu du thé dans l'habitude du café et du chocolat, nous y voyons au contraire un signe certain de faveur, lorsqu'offert au consommateur à un prix normal, il pourra, sans imposer trop de charges au chef, compléter l'alimentation et les jouissances de la famille. Puisse ce résultat être bientôt obtenu et procurer alors à notre commerce, à notre marine, tous les avantages de l'usage plus répandu de cette substance exotique et lointaine amènerait avec lui.

DE LA PRÉPARATION DU THÉ.

Il est bon d'observer que les vases servant à la préparation du thé doivent être spéciaux et ne servir aucunement à d'autres usages ; que les bouilloires destinées à chauffer l'eau devront toujours être pleines lorsqu'on les présentera au feu ; qu'on ne saurait être trop scrupuleux pour la qualité de l'eau, c'est-à-dire, n'employer à Paris que de l'eau filtrée, en province de l'eau de rivière, de préférence à celle des sources. L'eau dont on se servira devra toujours être portée à la plus haute ébullition, car du plus ou du moins de chaleur dépend souvent la finesse, le goût, la force d'un bon thé. Cette préparation est d'ailleur économique ; on le comprendra sans explication. Cela dit, on aura soin, au moment de la préparation, de verser de l'eau bouillante dans la théière, de l'y maintenir quelques secondes afin de bien l'échauffer. Après avoir jeter cette eau dans les tasses pour le même motif, on y jette la quantité de thé que l'on veut employer (trois grammes pour une tasse, deux grammes et demi, si l'on prépare une plus grande quantité), puis on verse l'eau bouillante jusqu'à concurrence de moitié; on laisse infuser cinq minutes. Ce temps étant écoulé, on ajoute la quantité d'eau bouillante qui reste à employer, on laisse infuser de nouveau deux ou trois minutes, on place le sucre dans les vases, on le couvre de cette infusion, on agite et puis on remplit.

CACAO PUR CARAQUE,

RÉDUIT EN POUDRE IMPALPABLE, SANS AUCUNE ÉVAPORATION

On est prié de ne pas confondre nos cacaos pulvérisés avec les cacaos d'autres maisons qui les disent impalpables.

La maison Picot est seule qui ait apporté un grand perfectionnement à cet article; on emploie son cacao comme chocolat broyé, ne laissant aucun dépôt dans la tasse.

Une innovation heureuse, qui ne saurait manquer d'être appréciée par tous les amateurs de chocolat, et dont le besoin se faisait d'autant plus sentir, par suite des nombreuses falsifications introduites dans la fabrication du chocolat, c'est, sans contredit, celle qui leur fournit la faculté de le faire eux-mêmes, l'avantage de le sucrer à leur goût, et la certitude qu'il n'y entre aucun mélange, au moyen du cacao pur caraque, réduit en poudre impalpable, et par conséquent sans aucune évaporation.

En cet état, le cacao se dissout immédiatement dans l'eau ou le lait bouillant, ayant conservé tout son arôme et sa saveur qui s'y répandent entièrement, au lieu d'être sensiblement altérés par le long travail indispensable pour le mettre en tablettes, par les procédés ordinaires,

Cette alimentation si naturelle est aussi agréable que légère et digestive. Il serait donc superflu d'énumérer plus longuement tous les avantages que présentent, pour la santé et le goût, le chocolat ainsi préparé, et ce dont un simple essai convaincra les moins connaisseurs.

La manière de l'employer consiste à bien délayer, dans l'eau ou le lait bouillant, autant de mesures qu'on veut faire de tasses, qui doivent continuer à bouillir pendant dix minutes; sucrer ensuite à son goût, ainsi qu'on le fait pour le café.

La boîte de 16 tasses très-fortes, représentant un demi-kilo de chocolat, 3 francs.

La mesure se trouve dans la boîte.

On expédie en province.

Imprimerie de GALBAN, rue de Paris, N° 10, à Belleville.

PRIX DES CHOCOLATS.

N° 1 de santé........	A la vanille.........
N° 2 id..........	Id...........
N° 3 id..........	Id...........

CAFÉS TORRÉFIÉS ET EN NATURE.

Martinique.	Martinique.
Bourbon.	Id.
Moka.	Id.

THÉS.

Souchong.	Pecco pointe blanche.
Pecco.	Pecco orange.
Hysson.	Pouchong.
Impérial.	Chulan.

BELLEVILLE. — Imp. de GALBAN, rue de Paris, 10.